मैं जो हूं "अंशुल राठोड" हूं

अंशुल राठोड

मैं जो हूं "अंशुल राठोड"

उलझनों के बीच लापता है जिंदगी

अंशुल राठोड
+91 8010595347
anshulrathod01feb@gmail.com

क्रम-सूची

प्रस्तावना

मैं जो हुं अंशुल राठोड हूं " ये किताब मेरी पहिलि किताब है इस किताब मैं
कुछ शेरो-शायरी कुछ कविताएं है जो मैने खुद लिखी हैं. जॉन एलिया साहब से प्रभावित हो कर मैने अपनी किताब का नाम
रखा हैं . इस किताब मैं जितने भी शेर है ओ मैने खुद से लिखे है आप सबसे मेरी गुज़ारिश है आप मेरी किताब दिल से पढ़े
मैने पूरा प्रयास किया है की आपको ये किताब पसंद आय

भूमिका

"Mai Jo Hu" by Anshul Rathod acquires number of Hindi poetry in which the author tries to explain his feeling and gratitude towards the person he feels or the things.Even though there are many such poetry, but how this young aged teenager tries to spell out how he catches the glimpse of our little world. A small effort from this little soul can make you think through his poetry!
So guys give it try!!

पावती (स्वीकृति)

पावती (स्वीकृति)

JHON ELIA SAHAB

आमुख

मुझे खामोश बैठा देख एक प्याला चाय
का लाकर रख देता हैं , ओ
टपरी का ओ छोटू मेरी आदतों को
तुमसे बेहतर जनता है ....

दिल मैं कुछ बन दिखाने की
आग जलाके आया हूँ
हा ! मैं आज फिर
रिश्तोदारो के ताने सुन के आया हूँ

बैठे बैठे सर ये आम यू ही
मैं रो जाता हूँ
बाते तुझसे करनी वाली
अक्सर खुदसे करके मैं
थक कर सो जाता हूँ

कोई तो करता होगा हमसे ख़ामोश मोहब्बत
हम भी किसी की अधूरी मोहब्बत रहे होंगे

बेवजा दर्द नही मेरे लफ़्ज़ों मैं
किसी ने बड़ी बेरहम से इश्क़
का इनाम दिया है

मेरे तमाम किस्से सुनकर हसने वालों
मैं अपनी दास्तान सुनाकर रुला भी सकता हूँ

तुम्हे देखने से जो मिलता है
सारा मसला उस सुकून का है ,

कल होकर भी नही हूँ ,
कल न होकर भी हूँ
इस पल मैं नही हूँ ,
उस पल मैं न होकर भी हूँ

या तो हात थामो और चल दो ,
या तो अपने जैसा बदल दो ,

जीने की तमन्ना थी जब
मारने वाले हज़ार थे ,
मरने की तमन्ना हैं अब
मारने वाला कोई क्यों नहीं

मैं आया हूँ तेरे शहर मैं तू कही नज़र नहीं आ रहा
क्या अबतक मुझसे नाराज़ है क्या ?
ओ खिड़की खोल कर बता दे
तेरा इरादा क्या है ?

जिंदगी है छोटी हर पल में खुश हूँ काम में खुश हूँ, आराम में खुश हूँ.

आज पनीर नही, दाल में ही खुश हूँ. आज गाड़ी नही पैदल ही खुश हूं।

दोस्तो का साथ नही, अकेला ही खुश हूँ. आज कोई नाराज है,

उसके इस अंदाज से ही खुश हूँ. जिसको देख नही सकता, उसकी आवाज से ही खुश हूँ।

जिसको पा नहीं सकता, उसको सोचकर ही खुश हूँ बीता हुआ कल जा चुका है,

उसकी मिट्ठी याद में ही खुश हूँ।

आने वाले कल का पता नही ,उसके इंतजार में ही खुश हूँ.

हसता हुआ बीत रहा है पल, आज में ही खुश हूँ.

जिंदगी है छोटी, हर पल में खुश हूँ। अगर दिल को छुआ तो जवाब देना,

वरना बिना जवाब के भी खुश हूं।

ये कैसी आग है मुझमे,
एक मुदत से ,
तमाशा देख रहा हूँ
अपने जलने का ॥

मुझे ढूंढ ही लेती है हर रोज नए बहाने से
मुश्किलें वाकिफ़ हो गयी है मेरे हर ठिकाने से

वक़्त बीत गया उनकी खैरियत पूछे
मसला देखो उन्हें हम याद भी नही

उस गली मैं कोई घर अच्छा तो नही था
मगर एक खुली खिड़की बड़ी प्यारी लगती थी

ना जाने किसकी बदुआ काम आयी
आखिर ओ शख्श बिछड़ गया मुझसे

यू तो कई लोग आएंगे मेरे मौत का तमाशा देखने
लेकिन उनमें से तू बहुत ख़ुशनसीब होगा

यही कही एक गली मैं उसका घर है
और मैं आज कल यही कही रहा करता हुं

तेरी मुश्किल ना बढूंगा,चला जाऊँगा
अश्क अक्खों मैं छुपाउंगा
चला जाऊँगा
अपने दहलीज पै कुछ देर
पड़ा रहने दे
जैसे ही होश में आऊँगा
चला जाऊँगा

मेरे मरने के बाद क्या ही नज़ारे होंगे
कुछ जबरदस्त तो कुछ जबरदस्ती रो
रहे होंगे

मेरे मौत के बाद ओ मेरी कबर पर आएगी क्या ?

ओ सच मे मेरे लिए रोयेगी क्या ?

मैं एक मर्तबा देखना चाहता हूँ

मेरे बगैर उसका हाल कैसा है

जो जीतेजी नही देख पाया

ओ मौत के बाद दिखेगा क्या ?

एक नज़र देख के तो जाओ मुझे
यू छोड़ कर ना जाओ मुझे
मेरी कबर को दफ़ना तो दो
यू खुला ना छोड़ो कर जाव मुझे

ये क्या जी ज़िन्दगी हैं

तुम साथ मैं हो तो भी

गम मैं हैं

तुम साथ मैं नही तो भी

गम मैं हैं

हमारे चेहरे से ख़ुशी गुज़र गयी

गम गुज़रना बाकी हैं

मेरे घाव पर कोई मरहम लगाने नहीं आता
मेरे रोने पर कोई आँसू पोछने नहीं आता,
हम अजब से अकेले हैं
हमें अकेले रहने दोभ
कोई हमारा ज़िंदगी भर
साथ निभाने के लिए नहीं आता

मेरे पास बैठो और आज मेरी बात सुनो दिन की बात
छोडो आज मेरी रात सुनो
तुम्हारी फ़िक्र मुझसे ज्यादा, भला कोई करता है क्या छोडो ये सब,
बताओ तुम्हे खोने से कोई डरता है क्या
क्या तुम्हे बिन कहे मेरे बोल समझ नहीं आते क्या तुम्हे मेरी
बातों के मोल समझ नहीं आते
तुम्हे पता है तुमसे मिलने की होती है हसरत कितनी क्यों
तुम्हे समझाने के लिए,होती है मशक़्क़त इतनी

आमुख

अगर है रिश्ता तो रिश्ता जताना होगा अहम् हूँ कितना, तुम्हे
ये बताना होगा

मैं अक्सर हँसा देता हूँ
उदास चेहरों को ....
मुझे मुझ जैसे लोग देखें नहीं जाते .....

बस ख़त्म ही समझो किस्सा
इस बोझ सी मोहोब्बत का ,
पहले तूमको हमारा नहीं होना था
अब हमको तुम्हारा नहीं होना हैं ।।

दर्द इसका नहीं कि
आप मिल नहीं पाएंगे
फिक्र तोसिर्फ इस बात की है
की हम भूल नही पाएंगे

मैं जो दिन गुजारूं तो रात नहीं कटती
मैं जो रात गुजारूं तो दिन ठहर जाता हैं
मैं लाख कोशिशें करू पर एक सोच नहीं हटती
हर बार मिटाने पर भी क्यों तेरा
ही ख्याल उभर आता हैं

थका हुआ हु थोड़ा और
ज़िन्दगी भी नराज़ हैं
पर कोई बात नही ये तो
रोज़ की बात है

नादान थे बचपन मैं हम
ज़िंदादिल हुआ करते थे
अब तो बस ....चंद ख्वाब है
जो संभाले रखे है मुझे
ज़िन्दगी की चकाचौंध मैं
सुकून गवा बैठे है
अब तो बस ....चंद ख्वाब है
जो संभाले रखे है मुझ
शिकायते भी नही करते अब हम
बस मुस्कुरा देते है
अब तो बस ....चंद ख्वाब है
जो संभाले रखे हैं

हसी मानो भूल गया हूँ
ना जाने कहा खोता रहेता हूँ मैं
और उसकी हस्ती हुई तसवीर है मेरे पास
बस उसे देखकर रोता रेहता हूँ मैं

सुना है तुम्हारी एक नजर से
क़त्ल होते है लोग
एक नज़र हमे भी देख लो
ज़िन्दगी अच्छी नही लगती

हम रोज़ उदास होते हैं
और रात गुज़र जाती हैं
एक दिन रात उदास होगी
और हम गुज़र जाएंगे ।

सुकून मिल जाता हैं अब तेरे ना होने से भी
तेरी कुछ तस्वीरे मैने फोन में जो छुपा रखी हैं

तुट चुका जिसे तूट ना था
भर गया जिसे भरना था
जाना था जिसे उसे जाने दिया
आना था जिसे उसे आने दिया
इस के सिवा और कुछ ना करना था ......

तुमने सुना मैने क्या कहा ?
मैने कहा तुमने सुना क्यूं नही ?

बात तक नही करते हो
और फिर प्यार भी करते हो

इतना तंग आगया हूँ ये ज़िन्दगी तुझसे
की अक्सर भिक मांगता हूँ मौत की खुदा से

हल्का हल्का मुस्कुरा रहा हूँ मैं
खयालो मैं तेरी तस्वीर बना रहा हूँ मैं
जब चाहु तुझे गले क्यों नही लगा सकता
ये कैसी ज़िन्दगी बिता रहा हूँ मैं

मैंने सोचा था
फिर तुमसे मुलाकाते होंगी,
फिर से वो बातें होंगी
मैंने सोचा था ।।

अपने अंदर की गंदगी को
दूसरे मैं तलाश करना हा उसे शक कहते है

उसे क्या पड़ी है की ओ आकर

सारी खुशियां किस्मत मैं है पर तुम नहीं हो ,
कई लोग मेरे साथ है पर तुम नहीं हो ,
कुछ भी चाहा है ओ सब कुछ पा लिया है मैने
जो कुछ मेरी किस्मत मैं है ,पर तुम नहीं हो
खुदा की कई दुआए मिली आज तक
ये दर्द भी उसी दुआ मैं है पर तुम नहीं हो ....।।।।

मुझे मनाए ओ कहते होगें,
जान छूटी सो लाखों पाएं ...

थाम लो मेरा हात
की थोड़ा संभल जाऊ मैं ,
मगर छोड़ जरूर देना
वरना तेरा हो जाऊँगा मैं ,

तुम्हे देखने से जो मिलता है
सारा मसला उस सुकून का है ,

तुम नज़रो से दूर हो
आँखों से नही
तुम ख्वाबो से दूर हो
लेकि,खयालो से नही
तुम दिल से दूर हो
लेकिन धड़कन से नही
तुम हमसे दूर हो
मगर हमारी यादों से नही
तेरी गली मैं आकर खो गए है दोनों,
मैं दिल को ढूढ़ता हूँ ,
और दिल तुमको ढूंढता हैं

किस से पुछु तेरी खैरियत जाकर ,
कोई दोस्त भी नही है तेरी तरफ का मेरा

इस शहर मैं बहुत से कब्र है मेरी
एक लड़की पर कई बार मर गए थे हम

मैं इतना ना समज हूँ की
उसके जाने का भी गम मनाता हूँ
जिन्होंने पलटकर ये भी ना देखा
की आखिर मैं सम्भला कैसे
तुझे खोने से डर क्यों लगता है
जब कि मुझे पता है तू मेरा है ही नही

तुम अपने दरवाजे पर लिखवा क्यों नही लेती

यहां सभी प्रकार के दिल दुखाये जाते है

    हमने तुझे वहाँ भी जाकर माँगा था
जहाँ लोग सिर्फ अपनी खुशियां मांगते है

    उस शक्स से बस इतना ताल्लुक़ है
वो परेशा हो तो हमे नींद नही आती

    थोड़ी आज़माइशे और सी है
कुछ मुसीबत और सी है

फिक्र नही है तुम्हरी कोई
ओ तो बस एक
ख्याल आ गिरा
नींद से क्या शिकवा जो आती नही
कसूर तो उन सपनों का है जो सोने नही देते

    हाले दिल ना पूछो मेरा
रोज़ तड़पता रोज़ मरता है
एक तुम ही देखलो
जिसे कोई फरक नही पडत है

भरे बाजार से अक्सर खाली हात आता हूँ
कभी ख्वाहिशें नही होती तो कभी पैसे नही होते

||समाप्त||

अंशुल राठोड
+91 8010595347
anshulrathod01feb@gmail.com